꽃에게 전화를 걸다

시산맥 서정시선 077

꽃에게 전화를 걸다
시산맥 서정시선 077

초판 1쇄 발행 | 2021년 5월 12일

지 은 이 | 이종대
펴 낸 이 | 문정영
펴 낸 곳 | 시산맥사
편집주간 | 김필영
편집위원 | 강수 오현정 정선
등록번호 | 제300-2013-12호
등록일자 | 2009년 4월 15일
주   소 | 03131 서울특별시 종로구 율곡로 6길 36,
           월드오피스텔 1102호
전   화 | 02-764-8722, 010-8894-8722
전자우편 | poemmtss@hanmail.net
시산맥카페 | http://cafe.daum.net/poemmtss

ISBN 979-11-6243-192-4 03810

값 9,000원

충청북도 충북문화재단

* 이 책은 충청북도, 충북문화재단의 후원으로 2021 문화예술육성지원 사업의 일환으로 지원받아 발간되었습니다.
* 이 책은 전부 또는 일부 내용을 재사용하려면 반드시 저작권자와 시산맥사의 동의를 받아야 합니다.
* 이 도서의 국립중앙도서관 출판도서목록은 서지정보유통지원시스템 홈페이지(http://seoji.nl.go.kr)와 국가자료종합목록 구축시스템(http://kolis-net.nl.go.kr)에서 이용하실 수 있습니다.
* 이 시집은 교보문고와 연계하여 전자책으로도 발간됩니다.

꽃에게 전화를 걸다

이종대 시집

* 본문 페이지에서 한 연이 첫 번째 행에서 시작될 때에는 〈 표기를 합니다.

■ 시인의 말

사랑

그리움

어머니가 좋아하셨던 꽃과 나무

나와 가족 그리고 사회

지나온 삶의 자취

쉽게 읽히길 소망합니다

2021년 5월 이종대

■ 차 례

1부

사진 한 장 − 19
나무도 꿈꾼다 − 20
넝쿨장미 2 − 22
꽃받침 − 23
작약 − 24
은행잎 그대 − 26
12월, 장미 − 28
소나무의 겨울 − 30
가로수 − 32
따오기 − 34
돌 − 35
새 − 36
항구의 기타 − 38
종각 앞에서 − 39
길 − 40

2부

무단횡단 — 45
내 이름은 최무숙 — 46
상장 — 48
우등생 — 49
창 — 50
배구장의 전설 — 52
회갑 — 54
폐가구 — 56
연필 깎기 — 57
가을 — 58
의자 — 60
포맷 — 61
승천 — 62
얼마냐고 — 64
부활 — 66

3부

봄이 부르는 소리 – 69

배밀이 – 70

섰네 섰어 – 71

아가 얼굴 – 72

가족 2 – 74

가족 3 – 76

웃고 웃고 – 77

상추 2 – 78

상추 3 – 79

왕관 – 80

설거지 – 82

병실에서 – 84

고쳐 쓰기 – 86

열무김치 – 87

이름값 – 88

4부

할머니와 느티나무 - 93

콩국수 - 94

어머니, 내 이름 부르실 때면 - 96

노을처럼 - 98

꽃싸움 - 99

미음 한술 - 100

갈치 - 101

그냥 당신 - 102

흔적 - 103

잔소리 - 104

달력 - 105

전화 걸기 - 106

벌초 - 108

빚 그리고 빛 - 110

장인어른 바지 - 112

■ 해설 | 조서정(시인) - 115

1부

사진 한 장

서러워 마라
비 내려 흩어진다 애태우지 마라
누운 꽃잎 바라보며
두 손 모으지도 마라

여린 가지 잡아 흔들며
터진 주름살 파고드는 칼바람에도
마침내 몸 끝으로 밀어낸 또 다른 세상
잠시 빛냈던 것으로 족하나니
달그림자 좇는 반딧불이
내 작은 뜨락에 봄의 조각으로
찾아온 것으로 족하나니

지는 잎 받으려고 손 모으지 마라
꽃잎 벚꽃 잎으로 가득한
사진 한 장으로 족하나니
풀
풀풀 웃을 수 있나니

나무도 꿈꾼다

나무도 분명
걷고 싶을 때 있는 것 같다
걷고 걸어서 좀 더 트인 곳으로
탈출하듯 달려가고 싶은 것 같다
그러기에 발가락 꿈틀거려
두터운 흙더미 밀쳐내며
조금씩 지평을 넓혀가지 않는가
걷고 싶기에
보도블록도 지긋이 들어 올리고
근육질 허벅지 드러내 보이지 않는가

나무도 분명
날고 싶은 때 있는 것이다
날고 날아서 높은 곳
더 잘 보이는 곳으로 가고 싶은 것이다
그러기에 가지 흔들리면서도
조금씩 제 몸통 밀어 올리지 않는가
제 살 내어주며 키운 새들을
저렇게 멀리 날려 보낼 수 있는 게 아닌가

〈
나무도 걷고 뛰고 날고 싶은 것이다
그래서 돌 틈 비집어 뿌리 길게 내리고
태양 향해 손 길게 뻗으며
세상을 알아가는 것이다

그러기에 진천에서 보이는 잣나무가
서울에서도 보이고 평양에서도 보이는 것이다
그러기에 청주 우암산에서 보이는 소나무가
강원도 산속에도 보이고 백두산 오르는 길에도 보이는 것이다

나무도 걷고 뛰고 날고 싶은 것이다
분명 꿈꾸고 있는 것이다

넝쿨장미 2

무엇 때문일까
울타리 무너져라 올라선 저 뜨거운 외침
힘줄 도드라지게 단창 움켜쥔 분노
혼자서는 안 된다는 걸 잘 아는 것처럼
열씩 스물씩 무리 지어
벽 위로 끝내 기어오르는 것은

땡볕에 벌겋게 데인 상처 흩뿌리며
허공에 대고 목 터지는 서슬 퍼런 몸부림은
대체 무슨 이유에서일까

5월을 붙들고 늘어지는
저 붉은 스크럼은

꽃받침

가엽다 하지 마라
너를 향한 박수에 푸르게 견딜 수 있었느니
너의 향기엔 나의 내음새도 섞여 있었느니

이리저리 온몸이 힘겹게 흔들리는 날
비바람 거친 손아귀에 허리가 휘청이던 순간에도

온전한 네 모습 바라보는 것
들판을 향해 환히 웃는 네 모습 올려다보는 것
그것이 나의 오롯한 바람이었느니

미안해하지 마라

기쁨
소망
모든 행복이었느니
너는

작약

내려다볼 수 있도록 크지 않아도 좋다
누리를 덮을 듯 그늘이 없어도 괜찮다

기운 행랑채
담 모퉁이 한 곁에서

계절이 오면 오는 대로
작은 꽃망울 터뜨리면 그뿐

키 큰 나무를 향하던 발길
문득 비껴가는 곁눈질만으로도
괜찮다 나는

하늘에 닿을 듯 우뚝 선 은행
잎으로 뜰 안 가득
가득 넘쳐나
반짝이며 빛나는 때가 되어도

그저

조용히 시들고 있다는 것만으로도
괜찮다
나는

다시 찾아볼 누군가 한 사람은
꼭 있으리라는 것만으로도

은행잎 그대

꿈입니다
이렇게 가까이 있을 수 있다는 것은
그대는 언제나 높기만 했습니다
햇빛으로 달빛으로 반짝였습니다
내 그리움은 허공으로 맴돌았고
그대의 사랑은 하늘로만 향했습니다
기나긴 그리움도 끝은 있는가
푸르기만 하던 그대도 변한다는 것을 알아챈 건
바람이 잔잔하게 불던 날부터였습니다
그대는 나비처럼
다가왔습니다
나는 얼굴을 비비고
뒹구는 그대를 부둥켜안았습니다
늦은 비가 와서 질퍽거려도
이른 추위에 얼어붙어도
몸이 부서지도록 떠날 줄 모릅니다
너 때문이었다고
살아온 이유가 너였다는 걸
이제야 알았노라고 속삭입니다

언제나 높은 줄만 알았던 그대가
가장 가까이 있었습니다
그대와 내가 노랗게 하나인 걸
그제야 알았습니다

12월, 장미

왜 지금이냐고 묻지는 마세요
꽃이 피었네, 그렇게만 말해주세요

문을 열 수 있는 것만으로
하늘을 볼 수 있는 것만으로도

내려앉는 눈발은 나비예요
사뿐히 품으로 날아드는

기다림에 지친 여름이 허둥허둥 가더니
낙화도 낙엽도 하염없는데

서러운 안간힘 끝자락
언 가지에 열정을 마저 터트린 거예요

혀 차지도 마세요 애처롭다 마시고요
그냥 보기만 하세요

장미가 피었구나, 12월인데

그렇게만 말해주세요

당신이 바라보는 동안만은
꽃잎 한 잎 또 한 잎 떨구어도

꽃이에요
장미라구요

소나무의 겨울

푸르던 잎이 지는 계절이 오면
소나무도 속으로 앓는다

여름처럼 성성한 잎
그대로인 척 당당한 체하지만
소나무도 춥다 겨울이 오면
남들 모르게 잎도 지고
찬바람엔 몸을 떤다

잎들이 혼돈 속으로 떨어지고
산야가 눈으로 묻혀버리는 계절이 오면

소나무는 푸른 잎 그 속에
누렇게 바랜 가슴 감추고
견뎌내고 참아내며
파랗게 떨면서도
의연한 척 기도한다

〈
남에게 희망을 주는 일이란
그렇게
내 아픔을 견뎌내는 것이다

가로수

설날 아침엔 나무를 본다
해가 바뀌어도 변화 없던 빈 가지 끝
그 두터운 겨울을 밀어 올린
연초록 이어진 봄길을 본다

설날 아침엔 나무를 본다
한껏 키워낸 넓은 잎으로
폐지를 줍느라 허리 굽은 늙은 아버지
지친 여름을 이겨낸 태양도 가리는
키 큰 나뭇잎을 본다

설날 아침에는 나무를 본다
거리를 덮은 낙엽을 밟으며
방울방울 매달린 생각의 길을 좇아 걷고 또 걷는
당신의 뒷모습을 또 바라본다

설날 아침에는 나무를 본다
다시 올 겨울
칼바람에도

한껏 팔 벌리고
큰 숨 들이쉬는
벌거벗은 플라타너스
울퉁불퉁 단단한 근육을 본다

설날 아침에는
부옇지만 그래도 푸른 웃음 찾으려는
하늘 아래
열 그루 스무 그루
줄지어 함께해 줄 가로수를 바라본다

따오기

오늘 교무실은 늪이었다
꿈에서나 보았던 듯
홀연히 사라져버린 따오기 한 쌍이
조간신문 1면에서 튀어나와
온통 휘저으며 다니고 있었다
처음 본 듯 잊힌 얼굴
처음 본 끝이 붉은 부리
늪에는 미꾸라지가 뒤틀고
펄쩍 개구리가 뛰었다
나는 아이들과 함께 늪으로 뛰어들어
잃어버린 동요 속 새 소리를 좇고
습지는 박자를 맞추며 숨을 고르고 있었다

돌

돌도 품에 안으면
자란다 한다
자라면서 주인 얼굴 닮아간다 한다
정원의 풀포기 하나
공중을 나는 새 한 마리
안방의 고양이와
외양간의 송아지도
안아주고 어르다 보면
성격도
얼굴도
그 주인을 그대로 닮아서
모르는 사람도
그 얼굴 보면 단박에
주인이 누군지 알 수 있다 하는데
돌도
품에 안아 어르고 쓰다듬다 보면
그 손길
그 얼굴
닮는다 한다
자라면서 닮아간다 한다

새

올라보아야 안다
높이 있다는 것이 얼마만큼의 고독인가를

뚫린 가슴으로 에어드는
바람의 차가움을
올라보아야 안다

올려다보는
시리도록 푸른 하늘
지치도록 날개를 치고 올랐지만
하늘이 얼마나 아리는 아픔인 줄을
올라보아야 안다

저기 저 아래 수풀
벌레가 날고 뱀이 기는
솜털 뭉치처럼 부드러운 삶의 숨결
태어난 곳은 저 아래 있다는 것을
거기에 마을도 친구도
알을 깨고 나오던 둥지도 있다는 것

높이 날아본 새는 안다 그제야

올라본 자는 안다
높이 있다는 것이 얼마만큼의 외로움인가를

항구의 기타

부둣가 철책에 매달린
기타 하나

바다를 향해
울고 있다

소리는 파도에 묻혀
깊이도 모르게
침몰해 버리고

기타는 목을
빼고 파도만 바라본다
덮쳐오는 검은 파도만 바라본다

바다 아래 아이 얼굴 노랗게
너울져 흔들리고

기타는
혼자서 울고 있다
파도도 목이 쉬도록
따라서 울어대고 있다

종각 앞에서

개심사 범종각
종을 받치고 서 있는 기둥은
구부정하게 굽어 있었습니다
똑바로 곧은 나무만 기둥이 되는 줄 알았던 나는
그윽한 그 종소리에
받침 기둥의 목소리도 숨겨져 있는 줄 그제야 알았습니다
못나게 구부러졌어도 생긴 대로
쓰임을 받아 종의 무게를 묵묵히 견뎌낼 줄 아는
기둥이 있기에 가능한 것인 줄 그제야 알았습니다
반평생
바르게 곧게 살라고 가르치던 나는
그제야 겨우 알게 되었습니다
종소리에는
구부러졌어도
휘어졌어도
묵묵히 제 자리에서 무거운 종을 받치고 서 있는
못생긴 기둥의 소리도 섞여 있다는 것

길

뒤로 달릴 수 있는 도로가 있다면
한번쯤 마음 놓고 뒤로 달리고 싶다
액셀을 한껏 밟아
그때 너를 만났던 그곳으로 가고 싶다
나를 바라보던 네 눈망울을
굳게 믿는다 말하던
네 입술에 다가가고 싶다

뒤로 달릴 수 있다면
시간을 거슬러 뒤로 갈 수만 있다면
무제한 고속도로를 거슬러
뒤로 가고 싶다 뒤로
1년을 가고
10년을 가고
20년을 뒤로 가서
힘겹기만 하던 나의 중년을 만나고 싶다
나의 축 처진 어깨를 두드리며
참아 보게 참아 보게나
손도 잡아 줄 것 같다

〈
다시 또 10년쯤 뒤로 가서는
비뚤어진 내 청년을 만나고 싶다
그러는 게 아니야
그 길은 아니라고
청년에게 말하고 싶다
청년을 바라보던 그녀에게 말하고 싶다
사랑은 그렇게 하는 게 아니야
그렇게 얌전하기만 한 게 사랑은 아니야
어깨 잡아 흔들며 절규하고 싶다

뒤로
뒤로 가서
곱기만 한 내 유년을 만나서는
머리 쓰다듬으며 말하고 싶다

앞으로 가거라
곧게 앞으로만 가거라

뒤로 가서
뒤로 달려가서 나를 만나면
만나기만 할 양이면

2부

무단횡단

흰뺨청둥오리 가족이 길을 나섰다
아스팔트 도로를 가로질러 길을 건넌다
뒤뚱뒤뚱 아장아장 어미를 따라 걸어가는
새끼오리 1개 분대
택시가 멈춘다
트럭도 섰다
경광등을 매달고 나타난 경찰차
교통정리에 나선다
토끼도 고라니도 노루도 건너지 못한 이 길
오리들 보무도 당당히 건너고 있다
둘러선 사람들 비켜서며 손뼉을 친다
새끼오리 엉덩이를 한껏 흔들며 다시 걷는다
뒤뚱뒤뚱 텔레비전을 향한 박수 소리 요란하다

내 이름은 최무숙

할머니는 지금도 억울합니다

왜 내 이름이 무식이냐구요
면서기가 내 이름 한 글자를
잘못 올린 거라구요
모르는 사람들에게 이름 말하기도 부끄럽고
일일이 설명하자니 더 창피했는데도
일흔이 넘어서까지 고치질 못했다구요
사실은 이름 세 글자도 읽을 줄 쓸 줄 몰랐으니까요
정말로 최고로 무식해서요

할머니가 아야어여를 따라서 읽습니다 받아서 적습니다
글자가 검은 점들로만 되어 있어서
세상이 온통 어두운 줄로만 알았다던 할머니
글자마다 있는 그 검은 점이 바로 태양이었다는 걸
사람과 태양이 땅과 하늘이 만나야 글자도 되고
글자마다 밝은 빛이 비치듯
세상만사가 온통 어두운 게 아니라는 걸
무릎을 치며 깨닫고서는

춤추듯 신명이 납니다

이름자를 또박또박 제대로 씁니다
춤출 무에 맑을 숙
내 이름은 최무숙

상장

우리 반 김정년 학생이 상장을 받았어요
3년 내리 도전 끝에
동상을 받았지 뭡니까
사람이 모이면 어디서든
각설이 타령을 불러대던
쉰다섯 살 고등학생 우리 반 김정년 씨
초등학교 중학교 검정고시로 마치고
2주에 한 번씩 출석 수업하는 방송통신고등학교
드디어 정년 씨가 3학년이 되었지요
어머니는 얼굴도 모르고
어디서 어떻게 자랐는지 기억하고 싶지 않다는
어깨 너머 배운 글자가 그리도 신통해
땅바닥에 돌멩이로 써보고 또 쓰다가
끝내는 고등학교 3학년생이 되었다면서
고비마다 위안이 되었던
타령 한 곡조 부르고 부르다
전국학예경연대회 동상을 받았지요
우리 반 맏언니 예순이 훨씬 넘은 최고령자 박일순 학생도
정년 씨를 바라보며 손뼉을 칩니다
물기 어린 눈망울로 마냥 웃습니다

우등생

책을 읽긴 읽어도 내용이 무엇인지 모르고
멍하니 있다가는 다시 고개를 떨구고
꾸벅꾸벅 좁니다
중간고사 기말고사 일 년에 네 번
서술형 문제는 단 한 줄도 쓰지 못하고
객관식은 일렬로 같은 번호로 줄을 세우지요
여간해선 말도 안 하고 웃지 않는 이 아이가
아까 점심시간에 말입니다
컴퓨터 선생님 곁에서 무언가 말을 하는데
그렇게 진지할 수가 없었어요
선생님 말씀이 그 아이
선생님께 시내 유명한 뜨개질집이 어딘지 알려주러 왔다네요
공부는 못해도 손재주가 좋아 못 만드는 게 없다네요
그제야 다시 보니 그 아이가
뜨개질 우등생이었네요
이름대로
지혜로운 사람으로 성장할 수 있겠구나 싶었지요
수업 시간에 잠만 자는 최지혜도

창

아이가 창을 닦는다
입김을 불어가며 얼룩을 닦아낸다
닦아도 닦아도 부옇기만 한 창

마침내 아이는 창문을 밀쳐낸다
눈앞을 가리는 촘촘한 그물
방충망도 옆으로 밀어낸다

황사로 뒤덮인 운동장
아이가 안경을 벗는다
눈을 비빈다
비비고 또 비빈다

닦아도 닦아도 부옇게
여전히 굴절된 모습으로만
겨우 보이는 세상

아이들은 창을 닦는다
어른들이 생각 없이 남긴 얼룩진 창을

공들여 열심히
입김을 불어가며
꼼꼼하게 다시 또 닦는다

배구장의 전설

교직원배구대회 날짜가 정해지고
친목회장은 고민이 깊어졌다
다 합해도 선수 숫자를 채울까 말까한데
남자래야 예순 넘긴 자신과 정년 앞둔 교장 선생님
거기다 배구공만 한 배를 안으신 임산부 선생님
어떻게 숫자를 채워 경기장에 서긴 했는데
허 이게 웬일
공이 오면 손을 뻗다 보니 뜨기는 뜨더라나
받아 올리고 또 받아 올리다 보니
공은 임산부도 피해가고 교장 선생님도 피해서 경기장 밖으로 도망가더라네
한 점 올리고 또 한 점 올라가더니
마침내 한 게임을 딸 수 있었다는 거여
할아버지 선생님도
교장 선생님도
임산부 선생님도
한 점 따면 얼싸안고
공이 오면 엎어지고 드러눕고 다시 일어나
팔목도 얼굴도 벌게지도록 서브를 넣고는 했다는데

다시 또 한 게임을 더 땄을 때
어떻게 알았는지 우리 애들이 몰려와
목소리를 보태더니 그 소리에
공이 넘어가서는
다신 올라오지 않더라는 겨
그렇게 준결승까지 갔었다고
세월도 한참 지난 그 얘기
이제는 정년도 꽤 지난 친목회장 민 선생님
목에 핏대를 올리며 그예 그 전설을 또 늘어놓는 거여
우그러진 막걸리 잔 높이 들어 올리며 하는 말
 그때 그 여선생님 낳은 애가 반에서 뜀박질을 제일 잘한다더라나

회갑

친구야, 우리 이제 깊은숨 쉬어보자
가슴을 열어 소리 크게 질러보자
저기 아래 우리가 건너온 긴 강
넘실거리는 흙탕물 거센 물결
그 물을 거슬러 결국은
기슭에 이르지 않았느냐

가시덩굴 쑥구렁 헤치고 오지 않았느냐
기고 구르고 한 언덕을 넘어
땀을 훔치며, 헐떡이며, 기어코
여기 오르지 않았느냐

그러면서 우리는 손을 잡았다
놓칠 듯 놓칠 듯 손길 끝내 붙들고
밀고 끌며 부여안고 헤쳐오지 않았느냐
정상엔 같이 온 꽃나비
하늘엔 새 몇 마리 푸르게 난다
60년을 불던 바람도 잔잔하다

〈
친구여

이젠 우리 태양을 다시 안자
어깨동무에 손을 이어 잡고서
숨 깊이 들이쉬고 하늘을 바라보자

폐가구

아파트 한구석
가구가 버려져 있다
아직 한참은 더 써도 될 듯한 물건들
책상도 있고 의자도 있고
어느 밤을 하얗게 밝혔을 스탠드도 보인다
스위치만 켜면 금방이라도 불을 밝힐 태세다

이제 얼마 지나면 망치를 들고
드라이버를 들고 해머를 든 폐기물 처리업자가 나타나
볼 것 없이 부숴버리려 들겠지

아직은 그런대로 쓸 만하다고 생각하는데
정년을 앞둔 초로의 사내가
버려진 가구들을 물끄러미 바라본다

아직은 아닌데
아직은 아닌데
해가 기울며 우물거린다

연필 깎기

연필을 깎는다
칼을 들어 비스듬히 밀어내면
곱게 드러나는 속살
드디어 고개를 내미는 연필심
초등학교 시절
거듭 연습해야만
예쁘게 깎여지던 연필을 손에 쥐면
눈앞에 펼쳐지던 종이 한 장
하얀
새 세상

연필을 깎는다
엄지손가락에 남겨진 작은 흉터를 보며
그 시절처럼
연필을 깎는다
샤프만 쓰는 요즘 아이들 앞에서
공들여 연필을 깎는다

가을

천주교 어느 신부님
가시면서 다 내주셨다는데
각막도 근육도 뼈마디도 남은 것 모두 다 내주고
홀연히 떠나셨는데
나도 그럴 수 있을까
고혈압에 중성지방 통풍으로 시달리던 내 육신
그래도 참 살뜰히 살펴주던 대학병원 사랑의 장기기증센터 앞에 서면
공연히 가슴이 두근거린다
못난 내 걸음은 그저 자리를 벗어나려 바쁘기만 하다
지금 당장 몇 발자국 걸어 들어가
기증서에 이름 석 자 내 손으로 써넣으면 그만인 것을
죽으면 알아줄 이 아무도 없을 그 이름 세 글자

떡하니 써넣으면 그만인 것을
두려워진다
죽으면 아무것도 모르고 그저 썩어질 육신이건만
그걸 모르는 게 아닌데도
용기 내지 못한다

벌써 몇 번이나 서성이면서도
발걸음 떼지 못한다

얼마나 더 지나쳐야 저 문을 열고 들어갈 수 있을지

창문 밖 가을이 어김없이 찾아와 기웃거리고 있다

의자

상당산성 산책길
단풍나무 아래
어느 손길이 만들었는지
앙증맞게 작은 나무의자 하나
지나는 사람들 눈길을 붙든다
다람쥐도 앉아보고
산새도 걸터앉고
곤한 내 그림자도 잠시 쉬어
가을 햇살 받고 일어난
빈 의자에
단풍잎 하나 천천히 날아와
주인인 양 앉아있다

산성
나무 아래
의자 하나가
가을을 보내고 있다

포맷

컴퓨터가 먹통
자판도 안 먹히고
인터넷은 되다가 끊기고
툭
떨어져 버린다

옆자리
김 선생님 말씀
싸악 밀고 다시 깔란다
새로 시작하면 모든 게 잘 된단다

머뭇거리다
다시 생각한다

내 지나온 삶도 밀어버리고
다시 깔 수 있을까

승천

북어는 억울했다

우아했던 몸뚱이는
잔인하게 잘린 채
시장 한구석 비닐봉지에 싸인 채 대가리로만 겨우 남아
사그라지는 처지가 원통했다

북어에게도 푸른 고향
아무리 달려도
끝없이 넓은 바다가 있었다
자존심 높은 지느러미와
힘도 좋은 꼬리가 있었다

북어는 시장을 누비는 사람을 향해
눈알 부라리며 입을 한껏 벌리고
소리쳐 외쳤다
나는 명태다 생선의 왕 명태다

외침은 장바닥으로 쓸려가고

대가리를 감싸던 낡은 봉지에 작은 구멍이 생겨났다

북어는 기도했다
단 한 번 마지막 유영을 할 수 있게 해달라고
눈을 부릅뜨고 기도했다

그러던 대가리가 김치를 담그려던
주부의 손에 끌려 기적을 만났다

그것은 꿈에도 그리던 물이었다
잊을 수 없던 해초의 냄새가 났다
북어는 남은 온몸을 뒤집어 헤엄치기 시작했다
위로 솟구치다가 아래로 곤두박질치다가
북어를 만난 물도 설레는지 부글부글 끓어올랐다
그러면서 북어는
하늘로 서서히 올랐다
남은 제 몸뚱아리를 되찾아

얼마냐고

시집을 내려는 나에게 출판사에서 묻는다
권당 책값을 얼마로 매길 거냐고

얼마라고 해야 하나
내 고뇌의 시간을 얼마에 내놓아야 할까

어차피 팔리지 않을 걸
모르겠다
비싸게나 불러볼까 아님
값을 아예 적게 매길까
그러면 독자가 좀 늘기나 할까
꿈을 키워본다

다시 묻는다
네가 쓴 시의 값이
최저 시급에는 미칠 수 있느냐
몸도 움직이기 힘든 좁아터진 귀퉁이에서
 불꽃같이 일하는 용접공의 한 시간과는 바꿀 수 있
느냐

한여름 화장실 가는 게 두려워 물도 마시지 않고
환자를 돌보는 간호사
허겁지겁 주워 삼키는 짜장면 한 그릇
그 값과는 견줄 수 있느냐

그만큼 고뇌했느냐

그들에게 순간의 위안은 될 수 있느냐

네 고뇌의 값은
얼마냐고

묻고
또 묻는다

부활
– 이쑤시개로 쓴 글씨

때가 되면 다시 나타내리라
너희 앞에 드러내 보이리라
순백의 화선지 위에
춤추는 검은 무희가 되어
연필로도 펜으로도 몸매 고운 둥근 붓으로도
감히 따라올 수 없는
세상에 없는 글씨를 낳고야 말 테니
그리하여 만인이 떠받드는 일가를 이루어 내리니
그때가 되어도 나는 기억하리라
다시 태어나는 것이 아픔의 어디쯤인지
온몸 다 내주고 씹혀야 했던
영혼의 어디쯤에서 너덜거리는 몸에
먹물을 입혀야 했는지
더럽힌 몸을 한 획의 선으로 받아줄
임의 숨결은 어떠했는지
나 다시 네 앞에 드러내리라
눈 감고 숨죽이던 그 시간을 견딘 뒤
때 되면 너희 앞에 나타내리라

3부

봄이 부르는 소리

엄마가 배에 손바닥을 댑니다
물속을 헤엄치던 아가가
엄마 손을 잡으려 팔을 뻗칩니다
아빠가 아가를 부릅니다
아빠 소리를 들으려 아가가 귀를 댑니다
엄마가 부르면
손을 내밀고
아빠가 부르면 발을 쑤욱 내밀어 대답합니다
아가가 고개를 내밀어 세상을 기웃거려 보려고 합니다
엄마가 배에 손을 얹습니다
아가가 엄마 손을 잡으며 눈을 뜹니다
아가가 세상 밖이 궁금하여
몸을 뒤척입니다
밖에서 아가를 부르는 소리가 들립니다
엄마가
아빠가
할머니가
할아버지가 아가를 부르며 손을 내미는 소리가 들려옵니다
빛 고운 봄입니다
봄이 막 오고 있습니다

배밀이

아가를 보아라
배밀이하는 아가를 보아라
앞으로 밀고 나가
기어코 잡고야 말겠다는 저 빛나는 눈망울
그래 아가야
네가 가는 곳이 아무리 멀어도
기다가 일어서 마침내 한 발자국
또 한 발자국 내딛으려니
먼지가 일지도 모른다
바람이 불어 앞이 희미해질 때도
엎어져 무르팍이 깨질 때도 있겠지
그래도 아가야
배밀이하는 아가야
네 앞엔
앞으로 다가오는 널 보며
가슴 열고 기다리는 엄마가 있단다

아가야
아가 같은 사람아

섰네 섰어

내 딸아이가 제 딸아이를 보고
신나서 하는 말
어머나 우리 딸 섰네 섰어
엄마 우리 딸 섰어요
제 엄마 맞장구치며 하는 말
아까는 엄마라고 하더라
엄 하고 입을 벌리더라 하는데
외손녀 태어난 지 이제
한 달 조금 지났는데
내 딸아이 세상에서 저만
자식 낳은 듯하고
아내 역시 손녀를 품에 안고
이리저리 뛰는데

오늘 밤도 자정을 넘기네

아가 얼굴

아가를 보려면
배밀이하는 아가의 웃는 얼굴
자세히 보려면

엎드려야 한다
서 있거나 앉아서
내려다보지 말고
낮추어 바닥에 얼굴을 대야 한다

숨 고르고 바라보면
세상에서 가장 고귀한 분
앞에서 까르르 웃고 계신 하느님

아가의 얼굴을 보려거든
바닥에 온몸을 맡기고
고개 들어 올려 보아라

환하게 빛나며
손 내미는 하늘

〈
아가 얼굴을 제대로 모시려거든
더 낮은 자세로
올려다보아라

가족 2

휴가 나온 아들이 자고 있다
제 방 제 자리에서
곤하게 잠들어 있다

점심시간 짬을 내어 달려왔더니
누가 왔는지도 모르고
잠에만 빠져 있다

철책도 초소도 없이
총알도 포탄도 잊은 듯

잠으로만 빠져든 아들 녀석

동네 마실 가는 것도 잊으신 우리 어머니
찌개를 끓였다
국을 데웠다
분주하시다

아들 녀석

누가 왔는지
누가 저를 쳐다보는지
찌개가 끓는지 모르고

그저
잠들어 있다

가족 3

뒤집었다
우리 외손녀
백일 지나 다섯 달이 되어서
모로 뒤집기 시작하더니
이제는 뒤집고 또 뒤집고
거실이 제 것인 양
이리저리 몸을 뒤집고 다니는데
옆에서 아흔 가까운 우리 어머니
그 재롱을 보시며

증손녀를 따라 같이 구르신다
구르고 또 구르신다

벽에 걸린 사진 속 아버지
우리들 곁에서 웃고 계신다

웃고 웃고

문 열자
돌도 안 지난 손녀딸
눈부터 웃고
번쩍 안아 들어 올리면
꺄르르 터뜨리며 웃고
손잡아도 웃고
걸음마해도 웃고
나도 웃고
아내도 웃고
내 어머니도 웃고
아파트가 터질 듯 웃고

상추 2

점심 식탁
아내는 달려들어
푸르름을 담는다
입에 가득

저녁 식탁
아내는 또 달려들어
허기진 그리움을 담는다
입안 가득

아침 식탁
아내는 다시
운명을 싸서 밀어 넣는다
내 입안에
꽉 차게

우리 가족 입안에선 상추가 자란다
처가 텃밭처럼 파랗게

상추 3

상추가 돌아왔다
우리 집 밥상에
한동안 보이지 않던 그 푸른 것들이
가족이 둘러앉은 밥상 위로 겁도 없이
여린 속살을 드러내고 누워 있다

아내가 상추를 먹다 혀를 깨물린 건
한 달쯤 전
잘 씹지도 말하지도 못하는 날들이 계속되면서
밥상에 그 많던 대화가 사라졌다
웃을 일이 없어졌다

그제야 우리는 알았다
상추가 말도 되고 웃음도 된다는 걸

상추가 돌아왔다 집으로
상추가 돌아와
아내도 나도 아흔 가까운 우리 어머니도
입을 크게 벌리고 웃게 한다
파랗게 싱싱하게

왕관

조카를 돌보던 딸애가 장난삼아
내 머리에 왕관을 씌웁니다
손주 얼굴을 따라 웃어보다가
잠시 자비로운 듯 근엄한 듯
표정을 만들어보는데
난데없이 스마트폰 찰칵 소리
사진을 보노라니 그 속에
정말 왕이 있었네요
지키려던 힘겨움도 서글픔도 잘만 감추고
근엄한 듯 인자한 듯 조용히
바라보는 작은 나라 왕의 얼굴

왕이 되니
왕국이 더욱더 소중해지기만 해서
백성들이 사는 모습을 살펴봅니다
연 날리는 백성에게 바람은 적당한지
세발자전거를 타는 백성에겐 땅은 평평한지
넝쿨장미엔 햇빛이 적당한지
나비와 꿀벌은 제때 찾아오는지

갑자기 몰려드는 태풍에 울타리는 제대로 서 있는지
걱정이 참 많기만 한데

어, 킥보드 타던 백성 하나가 넘어질 듯하네요
고꾸라질 듯 황급히 달려가는데
풀잎 왕관이 벗겨질 듯 위태롭기만 하네요

설거지

설거지를 한다
퇴직하고 나서 설거지를 한다

밥그릇
국그릇
둥근 접시
모난 접시
뽀드득 소리가 나게 깨끗이 닦아낸다
시원스럽게 씻겨나가는 찌꺼기

문득
그릇은 참 좋겠다 싶다
닦으면 닦일 수 있으니

세제로도
철수세미로도 닦아낼 수 없는
덕지덕지 때에 전 내 탐욕이 부끄러워지는 순간

손바닥 위로 내리꽂히며

사방으로 튕겨 나가는 물줄기

옷에도
얼굴에도 사정없이

쏴
아악

병실에서

아내가 자고 있다
보호자용 간이침대
아내는 등산하듯 한쪽 팔을 위로 올렸다
지금 막 어느 벽을 기어오르고 있나 보다
오르고 올라도 끝이 없는 벽
아내가 다른 쪽 팔을 힘겹게 밀어 올리더니
다시 한 발을 들어 올린다
이제 겨우 한 발을 떼었나 보다

수술실로 들어서는 내 모습을 보며
아내는 웃고 있었다
수액은 한 방울씩
떨어지고 있었다
아내는 그렇게 수술실을 지키며 산을 넘었다

아내가 다시 한 팔을 들어 올리더니
이어 다른 팔을 들어 올린다
지금은 어느 바다를 건너나 보다
숨을 들이마셨다가 거칠게 토해낸다 이내

울음 같은 신음을 하다가 몸을 뒤척인다
파도가 밀어닥치나 보다
너울대는 물결 삐걱대는 침대
아내는 그렇게 35년을 헤엄쳐야만 했다

38병동 입원실
링거를 만지던 간호사가
아내를 바라본다

깊어지는 병실의 밤
아내는 여전히 산을 오르다가
바다를 헤엄치고 있다

나는 링거액이 흐르는 팔을 들어
아내의 손을 잡는다

문득 울려 퍼지는 잠꼬대

그래도
그래도

북쪽 창문으로
새벽이 돌아와
아내 얼굴을 기웃대고 있다

고쳐 쓰기

아이들 글을 보다 보면
고칠 게 참 많구나 싶다
내용도 고쳐야 하고
문장도 고쳐야 하고
단어도 바꿨으면 싶고
띄어쓰기도 엉망인데
제목마저 아주 바꿨으면 싶다

내가 꼭 그렇다
그때 안 했으면 싶었던 그 말도 고치고
그렇게 안 했으면 싶었던 그 행동도 고치고
아예
젊은 시절을 새로 살고 싶고
이름마저
바꿀 수 있다면
싸악 바꿔 버리고 싶을 때 있다 아주

아이들 글처럼
내 삶도
고쳐 쓰고 싶은 게
참 많다

열무김치

여든이 내일 모레
맘만 젊은 우리 장모
대전역 중앙시장
허위허위 찾아가서
열무 단 고르고 골라
바빠라 큰딸 찾네

맏사위 우리 기둥
웃는 얼굴 진짜라고
여름에 국수 말면
그야말로 최고라며
이거야 바로 이 맛
전화 거네 또 한 번

이름값

딸 둘 다음에 내가 태어났을 때
아버지는 내 이름을 짓느라 고심하셨다 한다
출세하여 크게 이름을 떨칠 것을 고대하며
드디어 내 이름을 지으셨다는데
인터넷에 떠다니는 나와 같은 이름의 사람
어느 이종대는 기업가
어떤 이종대는 음악가
다른 이종대는 시장님이고
또 다른 이종대는 치과의사로 이름을 날린다
나도 이종대지만 이종대인 나는
기업가도
음악가도
시장도
치과의사도 아닌
그냥 문학을 좀 좋아하는 사람 정도로 살았다
그러면서도 문학을 한다는 나는
큰 울림을 주는 시인이 되면 참 좋으리라
내 이름처럼 종이 커서, 아니 큰 종소리로
심금을 울리는 시인이 되기를 바랐다

그것이 소박한 바람으로 여겼다
이제 나는 겨우 안다
그 소박함이란 것이 얼마나 큰 욕심인지
나의 시 구절이 누구의 가슴을 울리게 될지
단 한 사람만이라도 가슴을 적셔 줄
아님 생각의 실마리라도 건네줄지는
자신이 없다 시 앞에 서면 늘 떨린다
나는 이제
내 좁은 가슴에 스스로
작은 파장으로 남기를 소망한다
아버지가 내게 건 이름만큼
그 절절한 바람대로는 살아오지 못했지만
무엇보다 내 아이들이 편안하게 보아줄 수 있는
한 줄 글을 쓸 수 있으면 좋을 것 같다
이름값했으면 싶다

4부

할머니와 느티나무

아침 등굣길
느티나무 아래 할머니 앉아계신다
한여름인데도 긴 바지에 소매 긴 윗옷
모자를 쓰셨다
앉으셨어도 지팡이에 의지한 채
등교하는 학생들을 바라보신다
벙긋벙긋 웃으신다

백 년은 족히 넘었을 법도한
느티나무
푸른빛으로 아직 정정하고

수업 시작을 알리는 멜로디
매미 울음소리에 섞여 요란하다

금방 닦아낸 듯한 하늘
할머니는 운동장의 아이들 보며
또 벙긋 웃으신다

콩국수

제삿날 콩국수를 끓였다
제사상에 누가 콩국수를 올리느냐는
아내의 만류에도 아랑곳없이

어머니 평소 하시던
그 방법을 흉내 내
메주콩을 불렸다
삶아내 껍질을 벗기고는 곱게 갈았다

기어코 제사상 한옆
살얼음 서린 콩국수
한 그릇

그 시절
어머니의 콩국수는
고봉으로 퍼 올려도 허기만지던
내 꽁보리밥 한 사발이었고
잔병치레 많기도 했던 누이의 병원비였다

때로는 동생들의 대학 학자금

그 엄청난 것으로
참 용하게 둔갑하기도 했는데
어머니는
자식들의 학자금을 마감 시간에 겨우 맞춰 내시던
늦은 저녁 팔다 남은 콩국수를
후루룩 소리 내며 드시곤 하셨다

가만히 앉아 있어도 땀이 줄줄 흐르는 무덥던 날
돌아가신 아버지의 옛 친구가 근무한다는
까마득 고갯마루 자리 잡은 교육청에
휘청휘청 함지박을 이고 배달 다녀오시다가
공부하고 오는 날 보시고는
배고프지 고프지
황급히 말아주시던 콩국수 한 그릇
땀으로 번들거리던
그래도 웃으시던 얼굴
남은 콩 국물을 다 떠먹어도 모자란 듯 입 주변 묻힌 것까지
혓바닥을 돌려가며 핥는 나를 아내가 물끄러미 바라본다
고단하신 듯 그래도 웃으시며
나와 누이와 동생들을 바라보시던
사진 속 어머니 그 모습처럼

어머니, 내 이름 부르실 때면

여든이 한참 넘으신 우리 어머니
가끔씩 급하게 내 이름 부르실 때면
큰 누님 이름을 부르다
남동생 이름을 이어 부르다가
하필 사고로 먼저 간 막내 이름까지 부르신 뒤에야
겨우겨우 내 이름 찾아 부르시는데
그럴 때면 어머니 왜 그러시는지 이해도 안 되고
좀 서운하기까지 했는데

이제 환갑 가까운 나이의 내가
내 아이들 이름을 부를라치면
큰딸 둘째 딸 이름 부르고
겨우겨우 아들놈 이름을 찾아 부르는데
그럴 때마다
자식 놈들 나처럼 서운한지
입을 쭉 내놓고 항의를 하는데

내 문득 하는 변명이
얘들아

너희들은 각자가 서로 다른 줄 알지만
나에게는 모두 하나로 보인다
큰 애가 둘째 애고 둘째 애는
셋째 애라고
모두가 하나로만 보인다고

우리 애들 고개만 갸우뚱하더니만
젊은 시절 나처럼 여전히
불만 섞인 눈으로 바라만 본다

여든 넘으신 우리 어머니
오늘도 가족 이름 부르시다가
큰 누님 이름
암으로 먼저 간 작은 누님
하필 사고로 먼저 간 막내 이름까지 부르신 뒤에야
겨우겨우 내 이름 찾아 부르신다

노을처럼

시내버스 차창으로 눈발 날린다
치과를 다녀와
집으로 가는 길
흙 묻은 차창 너머로
진눈깨비 날린다

시장 앞 정류장
할머니들 버스에 오르신다
옹기종기 모여 앉아 이야기 장단
나 오늘 사진 찍었어
신랑한테 이쁘게 보여야 허잖어
잘 찍지 왜?
그래야 거기서도 기다린 보람 있다고 반가워하지

가다 서다를 반복하며
버스는 천천히 저녁으로 달리고

영정사진을 찍었다는 할머니
노을처럼 웃고 계시다

꽃싸움

일어나 앉으셨다
온종일 누워 계시던 어머니
손주들 성화에
꽃패를 잡으셨다

자 봐라 나 흔들었다
꽃잎이 병실을 때리며 고함친다
양박이야
동전을 모으시는 팔 거뜬하시다
허리도 꼿꼿하신 채로
손주들 그저 좋은 듯 모처럼 웃어대고
어머니도 따라서 웃어주신다
꽃잎마다
조금 남은 햇살이 헤살거린다

미음 한술

떡도 수정과도 이젠 다 그만두고
물에 끓인 허연 밥알이라도
한술 뜨시면 좋으련

아 해봐 아
세 살배기 채근하며 쫓아다니시다가
겨우 반술 입에 떠 넣고는 숨 내리 쉬셨다는
어머니

한술만 떠보세요
반술만이라도

먹을거리 여기저기 쌓여 있어도
미음 한술 못 넘긴
노을도 힘이 드는가
햇살 몇 가닥
성긴 머리털 뒤 부스스 떨어지네

갈치

잘해드려야 혀
장호원이 고향이라는 같은 병실의 명희 어머니
여든 넘어서 당뇨를 앓더니 기어코 암까지 걸렸다는
돌아가신 엄마가 보고 싶다며 하시는 말씀
오뉴월 그 촌구석에서 어디가 있을까
시장에 가면 한 토막 꼭 먹고 싶다던
갈치 눈처럼 빛 잃어가는 엄마 눈이 선하다는
말수가 끊긴 어머니를 그저 바라 보기만 하는
날 보고 또 하시는 말씀
천장에 매달린 형광등 불빛 스러질 듯
병실이 어둡다
잘해드려야 혀

그냥 당신

문을 열게요 이제
숨 들이쉬고 날아보세요
억장 깊은 곳 파고들던
인연의 질긴 뿌리마저 끊어내시고
날아보세요 훌쩍
풀섶 올라 나무 위로
바람을 안고 올라보세요
구름을 향해 올라보세요
그래도 당신은 그냥 당신
끝없이 추락하던 땅속 깊은 곳이든
하늘 저 높이 높은 곳이든
못 견디게 그리운 날엔
당신이 떠난 자리
또 올려다 바라보지요
어디에 계시든 그냥
나의 당신이잖아요
이제 문을 열어요

흔적

엄마 울 엄마
어디 가셨나
밥때가 되었는데
아끼시던 외출복은 걸어두신 채
아파트 뒷동으로 화투 치러 가셨나
전화 걸어도 안 받으시네 여전히
현관문 천천히 여시며
다들 들어왔니
목소리 쩌렁 들려올 듯한데
밥상머리 앉으시면 어김없이
더 먹어라 많이
내 것도 더 받아라 하실 텐데
국도 밥도 식어만가고
혼자 걸린 옷가지는 푸른빛으로 사위어가는데
산등성이 너머 손 흔들고 계시나
노을 건너 임 좇고 계신가
둘러보고 불러 봐도 대답 없으신
엄마 울 엄마
어디 가셨나

잔소리

문 열고 들어서는 손주 보시자마자
손 씻어라
출근하는 아들 보고는
마스크 써라
사람들과 떨어져라
어머니 액자 속에서 말씀하신다
커다란 목소리 집 안을 울린다

구석구석 다시 울려 퍼진다
사진 속에 계셔도 당당하신 그 모습
코로나 시대를 맞아 다시 또 외치신다
어린 손녀가 사진 속 증조할머니를 보며 하는 말
엄마, 왕할머니 또 소리 질러요
마스크 써라
손 씻어라 비누로 박박 문질러라
사람과 떨어져라, 꼭

달력

누이의 부엌에 걸린 달력을 보다가
날짜 밑에 메모한 손등을 보았네
한 자 한 자 적었을 손길
여기저기 적혀 있는 제삿날
친정 엄마, 남편
동생인 내 생일도 적혀 있었네

중학교 시절
진천서 유학 와 학교 앞 골방에서 자취하던 시절
누이는 살찐다며
점심은 거르고 저녁도 가끔은 건너뛰곤 했는데
동생은 굶기지 않으려고 그랬던 거였다는 걸
이제는 겨우 알만해졌는데
미안함도 고마움도 전해줄 길 없이
빗줄기가 차일 위로 천둥처럼 퍼붓던
5월의 그 날은 올해도 그예 지나가 버리고
누이의 부엌을 지키고 있는
차마 떼어내지 못한 색 바랜 달력

전화 걸기

텔레비전 드라마를 생각 없이 바라보다가
문득 누이에게 전화를 겁니다
잘 사느냐고
건강하냐고
밥은 먹었느냐고 묻고 대답합니다
누이도 이런저런 시시콜콜한 것들을 묻고 나는 대답
합니다
다시 동생에게 전화를 걸어
감기는 걸리지 않았느냐고
술은 많이 먹지 않느냐고
담배는 꼭 끊어야 한다고 별로 중요하지 않은 이야
기를
아주 중요한 것처럼 떠들다가 전화를 내려놓습니다
그러고는 선뜻 전화할 데가 없습니다
생각나는 사람이 있지만
이미 한 송이 꽃입니다
땅에 떨어져 스러져 버린 꽃이 되었네요
나는 스러져 버린 바람에게 전화를 걸어봅니다
언제 오느냐고

오긴 오느냐고 묻고 또 물어봅니다

물어도 대답이 없습니다
대답도 없지만 그래도 묻고 묻습니다
세상살이가 팍팍하다고 느껴지는 그런 날 밤
문득 전화 걸고 싶어지는 사람이
더 그리운 밤도 있습니다

벌초

저만치 추석이 다가오면
낫을 벼린다
풀빛처럼 시퍼렇게 벼린 낫으로
1년 내 무성해진 내 욕심을 잘라낸다

베어도 잘라도 다시 자라나는 잡풀
질기고 질긴 아카시아
넝쿨넝쿨 이어지는 칡뿌리를
베고 자르고 캐낸다
내 마음의 텃밭에서 제 것인 양
멋대로 뻗어가던 그것들을
가차 없이 내리쳐 버린다
풀잎에 베어 생채기가 나고
가시에 찔려 벌겋게 부어올라도
눈앞을 노랗게 막아서는 땅벌의 습격에도
낫질 멈추지 않는다

베고 자르고 캐내다 보면
어느새 다시 찾아오신 아버님

나는 둥그런 그분 앞에
두 손을 모은다

추석이 저만치 다가오면
하늘처럼 푸르게 벼린 낫으로
무성해진 내 욕심 깨끗이 베어내고
두 손 모은다

빚 그리고 빛

빚지지 않고 살 수 있는 사람
나와 보라 그랴
신세 안 지고 살 수는 없는 거여
어머니 말씀 귓전을 때린다

오 남매를 홀로 키우시다 감당하기 벅찬 빚을
내게 넘겨주시며 그래도 당당해하시던 말씀
빚지는 것도 능력인 거여

그 빚 고개 어찌어찌 엎어지며 올라선 한숨 끝자락
턱에 찬 숨 좀 돌리는가 싶은 지금
어머니 그 말씀 새삼 참 옳다 싶다

빚지지 않고 살 수 있는 게 어디 있단 말인가
풀잎은 이슬에게 빚이 있고
꽃은 나비에게 빚지고 산다

나는 너에게 빚이 있지만
너는 나에게 빛이 되기도 한다

〈
빚은 서로에게 빛이 되기도 하는 이 당연한 이치
그걸 아는 데 참 오래도 걸렸다

어느새 나도 어머니 말씀대로 능력 있는 사람 되어
세상 만물에 온통 빚지고 살고 있으니

오늘 저렇게 폐업을 알리는
얼룩진 종이 한 장을 붙이는
동네 슈퍼 아저씨 허리춤까지 내려앉는 어깨를
부둥켜안으며 소리치고 싶었다

빚지는 거도 능력인 거요
빚은 빛이기도 한 거란 말이요

장인어른 바지

아내는 눕기를 좋아한다
내 무릎에 누워
못생긴 내 얼굴 쳐다보기를 좋아한다
내가 검정색 체육복 바지를 입는 날이면
어김없이 다가와 기어코 내 무릎에 눕는 아내는
내가 친정아버지란다
나처럼 단신이었던 장인어른이 물려주신
유난히 짧은 체육복 바지를 입노라면
아내는 내 무릎에 누워
재롱을 부린다
쉰 넘은 아내가 나보고 친정아버지라며
해
해해
웃는다

■□ 해설

이종대 시인의 『꽃에게 전화를 걸다』에 투영된

모성 분리 과정으로서의 주체 찾기

조서정(시인)

    라캉은 오이디푸스 콤플렉스를 통해 주체 형성 과정을 설명한다. 첫 번째 상상계에서는 거울에 비친 이미지에 의한 상상적 동일시에서 촉발된 자아와 어머니 사이의 2자 관계가 성립된다. 이때 타자인 어머니의 욕망에 종속된 자아는 어머니와 불완전한 결합 관계를 맺는다. 두 번째 상징계는 어머니에 의해 호명된 또 다른 타자인 아버지의 등장에 의해 시작된다. 상징계의 타자인 아버지는 자아와 어머니의 결합을 끊고 자아를 상징계의 구조적 질서 속으로 편입시키게 되는데 이 과정에서 주체가 형성된다.

    이때 상징계의 주체 형성 과정에서 독립적으로 등장하는 것이 언어와 무의식이다. 즉 아이가 상징계로 들어오면서 부모에게 배우는 언어는 주체를 초월해 사회적으로 존재하는 독립적 구조, 즉 부모에 의해 전달되는 구조적 언어방식이다. 아이는 부모의 말을 따라 배우는 과정에서 주체가 성립된다. 이때 부모가 사용하는 언어가 주체에 영향을 미치는 과정에서 무의식이 생성된다.

필자는 이종대 시인의 『꽃에게 전화를 걸다』에 수록된 시편들을 라캉의 주체 형성 과정으로 읽어봤다. 이번 시집의 중요한 키워드는 상상계에 해당되는 어머니와 나, 이름, 꽃, 나무, 노을 등으로 표현되는 상징계의 기표들이다. 먼저 이번 시집에서 가장 중요한 키워드인 어머니는 시적 화자의 회상에 의해 결합된 모자 간 애착관계다.

두 번째 특징은 타자의 기표라고 할 수 있는 '이름'이다. 「어머니, 내 이름 부르실 때면」에는 아버지 역할을 도맡은 타자로서의 어머니와 시적 화자의 주체 형성에 영향을 끼친 '이름'이라는 기표가 등장한다. 또 「이름값」에서는 시적 화자가 태어나기 이전에 아들이 세상에서 이름을 떨치는 사람으로 성장하길 바랐던 아버지가 지어준 이름이다. 하나의 기표로서 등장한 이름은 나에게서 「우등생」, 「내 이름은 최무숙」에 등장하는 타자로 확대된다.

마지막에는 돌아가신 어머니를 시적 화자로 설정해 남겨진 자식들의 마음을 위로한다. 이는 타자인 자식들의 욕망을 시적 화자인 어머니가 욕망하는 형태라고 할 수 있다. 젊은 시절에 혼자되어 어린 자식들을 훌륭하게 키워낸 어머니에 대한 자식의 미안함과 사랑이 시적 화자인 어머니에게 투영된 형태로 구성되어 있다.

1. 준비되지 않은 어머니와의 이별

이종대 시인의 『꽃에게 전화를 걸다』 시편들 속에서 가장 두드러진 특징은 '어머니'의 인생에 대한 안타까움에서 촉발된 사랑과 그리움이다. 그런데 그리움의 대상인 어머니는 시속에서 아름다운 꽃이 되었다가 푸른 나무가 되었다가 저녁놀이 되기도 한다. 이처럼 하나의 기표로 상징화되고 있는 어머니는 안타깝게도 현실에 살아계신 어머니가 아니고 시인의 기억 속에서 이미지로 그려지는 어머니이다.

  현관문 천천히 여시며
  다들 들어왔니
  목소리 쩌렁 들려올 듯한데
  밥상머리 앉으시면 어김없이
  더 먹어라 많이
  내 것도 더 받아라 하실 텐데
  국도 밥도 식어만가고
  혼자 걸린 옷가지는 푸른빛으로 사위어가는데
  산등성이 너머 손 흔들고 계시나
  노을 건너 임 좇고 계신가

둘러보고 불러 봐도 대답 없으신

엄마 울 엄마

어디 가셨나

- 「흔적」 부분

'흔적'이라는 시에 드리워진 심상은 돌아가신 어머니에 대한 간절한 그리움이다. 그래서 마치 어머니가 살아계신 것처럼 전화를 걸어 보고 찾아 나서도 보지만 어머니는 어디에도 안 계시다. 어머니가 살아 계셨더라면 "다들 들어왔니"라는 목소리가 들려올 것도 같은데 또 "밥상머리 앉으시면 어김없이/더 먹어라 많이/내 것도 더 받아라 하실 텐데" 시적 화자는 "국도 밥도 식어만 가고/혼자 걸린 옷가지는 푸른빛으로 사위어가는데" 어머니의 모습은 어디에도 없다면서 절절한 그리움을 표현한다.

어머니에 대한 이런 그리움의 정서는 「전화 걸기」에서도 나타나는데 「흔적」과 차별화되는 부분이 있다면 어머니를 '꽃'에 비유해서 표현하고 있다는 것이다. 「흔적」에서는 기억 속에 있는 그리움의 대상으로 그려졌는데 「전화 걸기」에서는 '꽃'이라는 상징적 기표를 사용한다.

텔레비전 드라마를 생각 없이 바라보다가

문득 누이에게 전화를 겁니다

잘 사느냐고

건강하냐고

밥은 먹었느냐고 묻고 대답합니다

누이도 이런저런 시시콜콜한 것들을 묻고 나는 대답합니다

다시 동생에게 전화를 걸어

감기는 걸리지 않았느냐고

술은 많이 먹지 않느냐고

담배는 꼭 끊어야 한다고 별로 중요하지 않은 이야기를

아주 중요한 것처럼 떠들다가 전화를 내려놓습니다

그러고는 선뜻 전화할 데가 없습니다

생각나는 사람이 있지만

이미 한 송이 꽃입니다

땅에 떨어져 스러져 버린 꽃이 되었네요

-「전화 걸기」 부분

어머니가 그리운 시적 화자는 누나와 동생한테 전화를 걸어 이런저런 이야기를 해 보지만 누나와 동생은 결코 어

머니 대신이 될 수 없다. 그래서 결국에는 "생각나는 사람이 있지만/이미 한 송이 꽃입니다/땅에 떨어져 스러져 버린 꽃이 되었네요"라는 진술을 통해 어머니에 대한 그리움을 꽃으로 표현한다.

이번 시집에서 어머니를 꽃에 비유한 시는 화투패를 흔드는 어머니를 꽃으로 표현한 「꽃싸움」, 영정 사진 속 어머니를 꽃으로 표현한 「사진 한 장」, 자식들을 위해 희생한 어머니를 꽃으로 표현한 「꽃받침」에서도 공통적으로 드러나는 현상이다.

시적 화자는 상상계에서 상상적 동일시를 통해 어머니와 불안하게 결합되어 있던 자아가 상징계로 진입하면서 아버지라는 새로운 타자에 의해 사회 구조적 질서에 편입되는 것처럼 상상계 속 어머니와의 분리 과정에서 아버지를 대신해 상징계의 대타자로 재등장한 어머니와 꽃, 나무, 노을과 같은 기표를 통해 재회한다.

2. 언어는 주체를 초월해서 존재하는 독립적 질서이다

이번 시집에서 두 번째로 드러나는 특징은 바로 '이름'에 대한 사유이다. '이름'은 어머니와 동일시되어 있던 자아가 상징계로 진입하면서 아버지로부터 부여받는 첫 번째 기표이다. 주체가 상징계로 진입하는 과정에서 부모에 의해 부여받은 기표로서의 이름 즉 언어는 주체를 초월해 있는 독립적 질서다. 따라서 상징계로 진입한 자아는 타자와의 상호 구조적 관계 속에서 언어에 의해 주체를 형성해 간다.

그런데 이종대 시인의 경우에는 이름을 지어준 아버지가 일찍 돌아가시면서 아버지 역할을 대신하는 어머니에 의해 성장한다.

> 여든 넘으신 우리 어머니
> 오늘도 가족 이름 부르시다가
> 큰 누님 이름
> 암으로 먼저 간 작은 누님
> 하필 사고로 먼저 간 막내 이름까지 부르신 뒤에야
> 겨우겨우 내 이름 찾아 부르신다
>
> ―「어머니, 내 이름 부르실 때면」 부분

이 과정에서 상징계의 타자로 재등장한 어머니는 시적 화자의 이름을 부를 때마다 자식들 이름을 다 부르고 난 뒤에 겨우 아들(이종대)의 이름을 찾아 부른다. 어머니의 언어 방식에 의한 기표와 주체의 불일치는 시적 화자에게 주체에 대해 갈망하는 무의식을 생성시킨다.

이제 환갑 가까운 나이의 내가
내 아이들 이름을 부를라치면
큰딸 둘째 딸 이름 부르고
겨우겨우 아들놈 이름을 찾아 부르는데

- 「어머니, 내 이름 부르실 때면」 부분

그런데 환갑이 넘은 시적 화자 또한 어머니의 언술 방식에 따라 자식들을 호명한다. 이는 어머니의 언어 구조가 주체에 미친 영향에 의한 무의식의 표출이다. 무의식의 메커니즘은 결국 언어의 구조이며 이는 언어의 수사법으로 드러난다. 이와 동시에 자신의 이름이 다른 형제들과 혼용되는 것에서 기인한 기표가 주체의 실질적인 원인이라는 생각은 여러 편의 시편들 속에서 '이름'에 집착하는 모습으로 그려진다.

아이들 글을 보다 보면

〈중략〉

아예
젊은 시절을 새로 살고 싶고

이름마저

바꿀 수 있다면

싸악 바꿔 버리고 싶을 때 있다

–「고쳐 쓰기」부분

  선생님으로 등장하는 시적 화자는 아이들의 글을 고쳐 주면서 지금껏 살아온 삶을 다시 재정립하고 싶다는 욕망을 발견한다. 아예 젊은 시절로 돌아가 새로운 삶을 살아보고 싶은 것인데 그 중심에는 이름까지 바꿔 보고 싶다는 바람이 숨어 있다. 이는 흔들리는 주체를 바로 세워보고 싶은 주체의 욕망과 아버지의 뜻대로 이름을 크게 떨치는 사람으로 잘 살아보고 싶은 기대가 녹아 있다.

  이름에 대한 사유는 「가을」이라는 시에서도 장기 "기증서에 이름 석 자 내 손으로 써넣으면 그만인 것"인데 왠지 부모님이 지어주신 그 이름을 내 마음대로 함부로 쓸 수 없다는 심리기제가 작동한다. 이러한 심리기제에는 내 이름이고 내 몸인데도 불구하고 내 것이라고만 주장할 수 없는 타자의 욕망이 녹아 있다.

딸 둘 다음에 내가 태어났을 때

아버지는 내 이름을 짓느라 고심하셨다 한다

출세하여 크게 이름을 떨칠 것을 고대하며
드디어 내 이름을 지으셨다는데

〈중략〉

아버지가 내게 건 이름만큼
그 절절한 바람대로는 살아오지 못했지만

– 「이름값」 부분

 「이름값」에 나오는 시적 화자의 아버지는 아들이 출세하여 크게 이름을 떨치고 살기를 바라는 마음에서 아들 이름을 지었다고 한다. 그런데 막상 현재의 시적 화자는 아버지의 바람대로 이름을 크게 떨치고 살지는 못했으나 그래도 아이들이 편하게 읽을 수 있는 글 한 줄이라도 제대로 쓰는 사람이 되어 '이름값' 하며 살고 싶다는 주체의 희망을 정립한다.
 '이름'에 대한 주체 찾기는 여기서 한발 더 나아가 타자를 바라보는 시선에서도 포착된다. "왜 내 이름이 무식이냐구요/면서기가 내 이름 한 글자를 잘못 올린 거라구요" 하지만 할머니는 한글을 몰라 최무식이란 이름을 고치지 못하다가 뒤늦게 한글을 배워 실제 이름인 '최무숙'을 찾

앉다는 「내 이름은 최무숙」에서도 기표에 의한 주체 찾기의 과정을 보여준다.

또 「우등생」 같은 시편에서도 최지혜라는 학생이 공부는 못해도 손재주가 좋아 못 만드는 게 없다는 것이고, 알고 보니 뜨개질 우등생이라는 사실을 깨닫는 것도 기표에 대한 인식이다. 그래서 비록 "공부는 좀 못해도 손재주가 좋아 못 만드는 게 없다", "다시 보니 그 아이가 뜨개질 우등생"이더라는 인식은 기표가 주체에 미치는 영향에 대한 인식이 반영된 부분이다.

3. 인간의 욕망은 타자의 욕망이다

『꽃에게 전화를 걸다』는 어머니의 숭고한 희생과 사랑에 대한 시인의 그리움을 상징적으로 형상화한 부분과 이름을 통한 주체 찾기의 과정들이 그려져 있다. 결국 이런 작업들은 지난 삶을 통한 주체 찾기의 과정으로 읽힌다.

서러워 마라
비 내려 흩어진다 애 태우지 마라
누운 꽃잎 바라보며
두 손 모으지도 마라

〈중략〉

지는 잎 받으려고 손 모으지 마라
꽃잎 벚꽃 잎으로 가득한
사진 한 장으로 족하나니
풀
풀풀 웃을 수 있나니

- 「사진 한 장」 부분

사진 한 장이라는 시는 시적 화자가 돌아가신 어머니로 설정됐다. 어머니는 "서러워하지 마라/비 내려 흩어진다 애태우지 마라/누운 꽃잎 바라보며/두 손 모으지 마라"에서 보듯이 어머니를 떠나보내야 하는 자식들의 슬픔을 위로한다. 또 "지는 잎 받으려고 손 모으지 마라/꽃잎 벚꽃 잎으로 가득한/사진 한 장으로 족하나니"라고 남은 자식들을 위로하면서 이 세상에 왔다 가는 흔적을 사진 한 장으로 남기고는 풀풀 웃으면서 떠난다며 남은 자식들의 마음을 어루만지신다.

'꽃받침'도 시적 화자가 어머니로 설정되어 있다. 이 시에서도 시적 화자인 어머니는 푸른 청춘을 오로지 자식들을 위해 희생하며 살았지만 결코 후회하지 않는 단호함을 보여준다. 시적 화자인 어머니는 "가엽다 하지 마라/너를 향한 박수에 푸르게 견딜 수 있었느니"라는 말은 자식에게 힘을 불어넣어 주는 더 큰 사랑으로 나는 견딜 수 있었다고 너희가 결국 내가 살아가는 힘이었다고 살아 있는 자식들을 다독인다.

　이처럼 「사진 한 장」, 「꽃받침」 같은 시는 이제 그만 어머니를 놓아 드려야 한다는 자식의 욕망이 시적 화자인 어머니에게 투영된 부분이다. 라캉의 욕망이론에 따르면 인간은 끊임없이 타자의 욕망을 욕망한다. 이미 누군가에 의해 설계되어 있는 욕망, (대)타자가 제시하는 욕망을 우리는 마치 나의 것인 양 믿으며 살아간다.

　　　문을 열게요 이제
　　　숨 들이쉬고 날아보세요
　　　억장 깊은 곳 파고들던
　　　인연의 질긴 뿌리마저 끊어내시고
　　　날아보세요 훌쩍

　　　〈중략〉

　　　못 견디게 그리운 날엔
　　　당신이 떠난 자리

또 올려다 바라보지요

어디에 계시든 그냥

나의 당신이잖아요

이제 문을 열어요

-「그냥 당신」 부분

 이 시에 등장하는 어머니는 시적 화자의 상징적 기표에서 벗어나 있다. 그래서 꽃도 나무도 노을도 아닌 '그냥 당신'이라는 대명사로 호명된다. 이제는 상상계와 상징계를 통 털어 자아와 주체의 타자로 등장했던 어머니와 맺었던 단단한 결합을 끊고 이별을 현실로 받아들이는 부분이다. 힘들지만 詩 창작을 통해 어머니와 아름다운 이별식을 치른 이종대 시인께 박수를 보낸다. 끝으로 이종대 시인이 이번 시집을 통해 어머니를 멋지게 보내드렸으니 사랑하는 가족들 품에서 주체의 욕망을 좇으며 행복하게 살아갈 날들을 기대해 본다.